THiLO

Einmal um die ganze Welt

Ravensburger Buchverlag

Bibliografische Information der Deutschen Nationalbibliothek:

Die Deutsche Nationalbibliothek verzeichnet diese Publikation
in der Deutschen Nationalbibliografie.
Detaillierte bibliografische Daten sind im Internet
über http://dnb.d-nb.de abrufbar.

1 2 3 4   D C B

Originalausgabe
© 2017 Ravensburger Buchverlag Otto Maier GmbH

Producing: Produktmacherei, Stefanie Hahn

Alle Rechte dieser Ausgabe vorbehalten durch
Ravensburger Buchverlag Otto Maier GmbH
Postfach 1860, 88188 Ravensburg

Printed in Germany
ISBN 978-3-473-49046-2
www.ravensburger.de

Inhalt

Geheimagent

Finn sieht aus wie ein
normales Auto.
Doch er ist Geheimagent.
Gerade hat er den Notruf eines
anderen Agenten erhalten.
Der Notruf wurde mitten auf
dem Ozean abgeschickt.

Er kam von einer Bohrinsel.
Als Finn dort eintrifft, fehlt von
dem Agenten jede Spur.
Stattdessen beobachtet er
einen gesuchten Verbrecher:
Professor Zündapp.
Gerade führt der Fiesling
seinem Team eine besondere
Fernsehkamera vor.

Finn wird sofort misstrauisch.
Mit dieser Kamera kann doch
etwas nicht stimmen! Dann
entdeckt er den anderen Agenten.
Der Professor hat ihn zum Würfel
gequetscht — ein Haufen Schrott!
Jetzt sieht der Professor auf
und bemerkt Finn. Dieser
flieht schnell.

Doch vom Plan des Verbrechers
hat er nur eine leise Ahnung.

Ein neues Rennen

In der Heimat von Lightning McQueen ahnt niemand etwas von einem bösen Plan. Lightning ist gerade von einem weiteren Sieg zurückgekehrt. Alle Freunde feiern mit ihm. Besonders Hook.

Lightning will nun endlich mal
eine Rennpause machen.
Doch im Fernsehen lästert
ein italienischer Rennwagen
über ihn. Er behauptet, Lightning
sei eine lahme Kiste.
Das kann McQueen nicht auf
sich sitzen lassen. Er trifft eine
Entscheidung.

Bei einem großen, wichtigen
Rennen will er den Angeber
schlagen.
Dieses Rennen soll an drei Orten
auf der Welt stattfinden.
Der reiche Sir Axlerod plant
das Rennen.

Er hat außerdem einen neuen
Treibstoff erfunden: Allinol.
Der ist anscheinend
umweltfreundlicher und besser
als Benzin. Mit dem Rennen will
er das beweisen.
Lightning ist wild entschlossen zu
gewinnen und freut sich auf das
Rennen. Hoffentlich ist der neue
Treibstoff tatsächlich so gut wie
angekündigt, denkt er sich.

Peinliche Feier

Vor dem ersten Rennen in Tokio
gibt es eine große Feier.
Sir Axlerod begrüßt alle
Teilnehmer.
Unter die Gäste haben sich auch
zwei Agenten gemischt:
Finn und Holley.

Sie brauchen mehr Informationen
über Professor Zündapp.
Ein amerikanischer Agent
will ihnen Beweise zustecken.
Plötzlich passiert etwas Peinliches.
Gerade als Sir Axlerod Lightning
begrüßt, verliert Hook Öl.

Beschämt verschwindet Hook
im Waschraum. Dort stößt er
mit den Gehilfen von Professor
Zündapp zusammen. Sie haben
gerade den amerikanischen
Agenten in der Mangel.

Dem gelingt es in letzter
Sekunde, Hook die Beweise
unterzuschieben. Hook bemerkt
davon nichts. Finn und Holley
jedoch halten nun Hook für den
Agenten. Genau wie die Schurken
von Zündapp.

Strahlenkanone

Am Renntag
werden alle
Wagen mit
Allinol betankt.
Finn und Holley
beobachten das Feld.
Besonders Hook haben sie
im Auge.

Dann setzen die Gehilfen des
Professors ihre Waffe ein.
Die Kamera ist in Wirklichkeit
eine Strahlenkanone.
Ihre unsichtbaren Strahlen bringen
das Allinol zum Kochen.
Mehrere Autos fangen an zu
brennen.

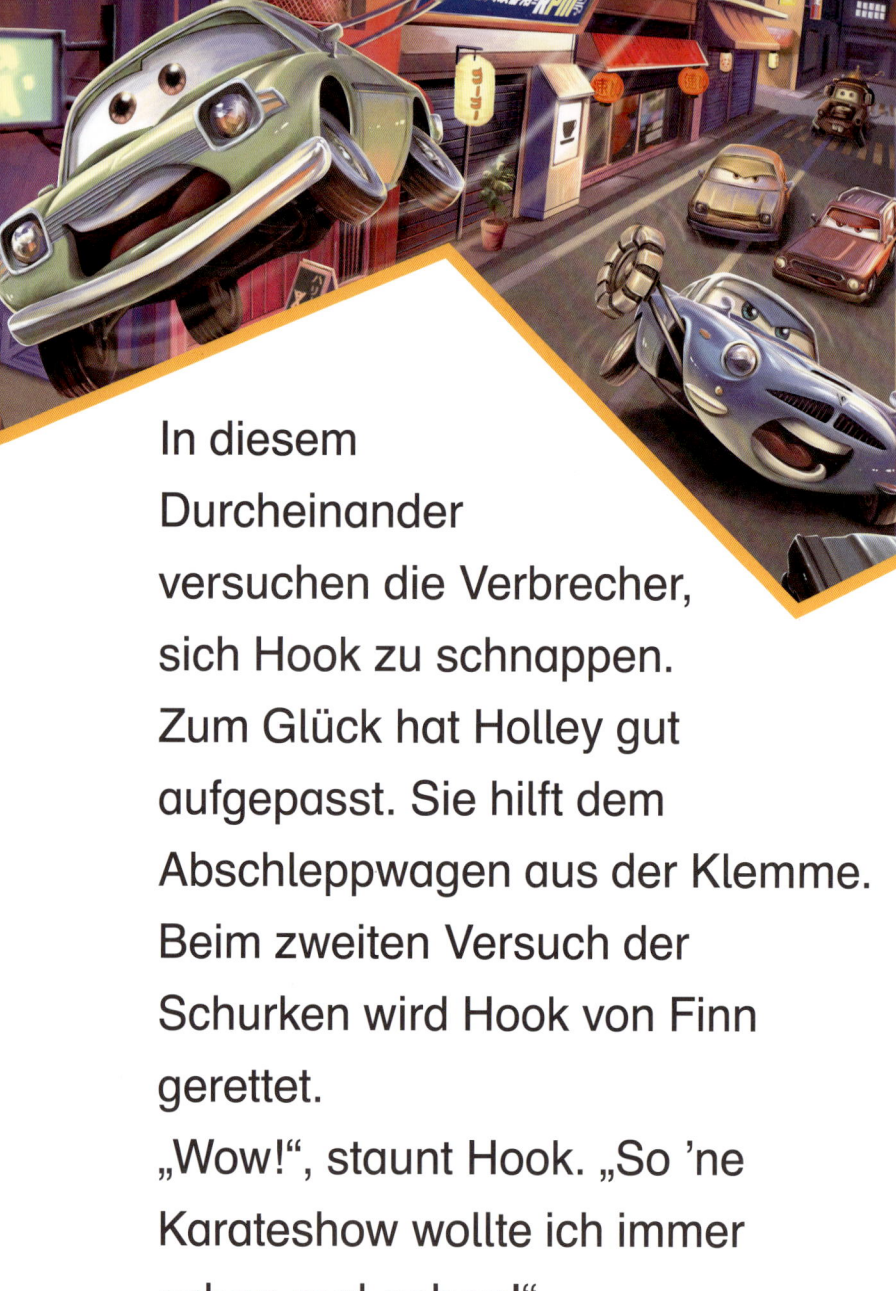

In diesem
Durcheinander
versuchen die Verbrecher,
sich Hook zu schnappen.
Zum Glück hat Holley gut
aufgepasst. Sie hilft dem
Abschleppwagen aus der Klemme.
Beim zweiten Versuch der
Schurken wird Hook von Finn
gerettet.
„Wow!", staunt Hook. „So 'ne
Karateshow wollte ich immer
schon mal sehen!"

Die Niederlage

Der Sieg in Tokio geht an den
Rennwagen aus Italien.
Der Angeber freut
sich.

Doch die Reporter interessiert
etwas anderes viel mehr.
„Sage und schreibe drei Wagen
bleiben mit Motorschaden liegen!",
meldet das Fernsehen.

„Liegt das am neuen Treibstoff?"
Sir Axlerod verneint. „Allinol ist
sicher!", behauptet er.
„Unter gar keinen Umständen
ist mein Treibstoff an diesen
Ausfällen schuld!"

Als Hook von seinen Abenteuern
berichtet, schimpft Lightning mit
ihm. Er ist sauer auf Hook.
Weil der ihm über Funk
keine guten Tipps gegeben hat.
Bald fühlt Hook sich wirklich
schuld an der Niederlage.
Er schreibt Lightning einen
Abschiedsbrief.
Dann knattert er zum Flughafen.

Flucht über den Wolken

Hook will nur noch seine Ruhe.
Doch am Flughafen lauern
schon die Schurken.
Mit Raketen schießen sie auf ihn.
Holley muss Hook wieder einmal
retten. Gemeinsam mit Finn
fliehen sie in einem Flugzeug.

In Tokio liest
Lightning McQueen
den Brief von Hook.
Nun fühlt er sich schlecht.
Wenigstens kann Hook nun
nichts mehr passieren, denkt er ...
Aber Hook sieht sich mit den
Agenten die Beweise an,
die ihm zugesteckt wurden.

Sie suchen den Übeltäter,
der für die brennenden Autos
verantwortlich ist.
Besonders ein Foto erscheint
ihnen wichtig.
Es zeigt nur einen Motor.
Zunächst sind alle ratlos.

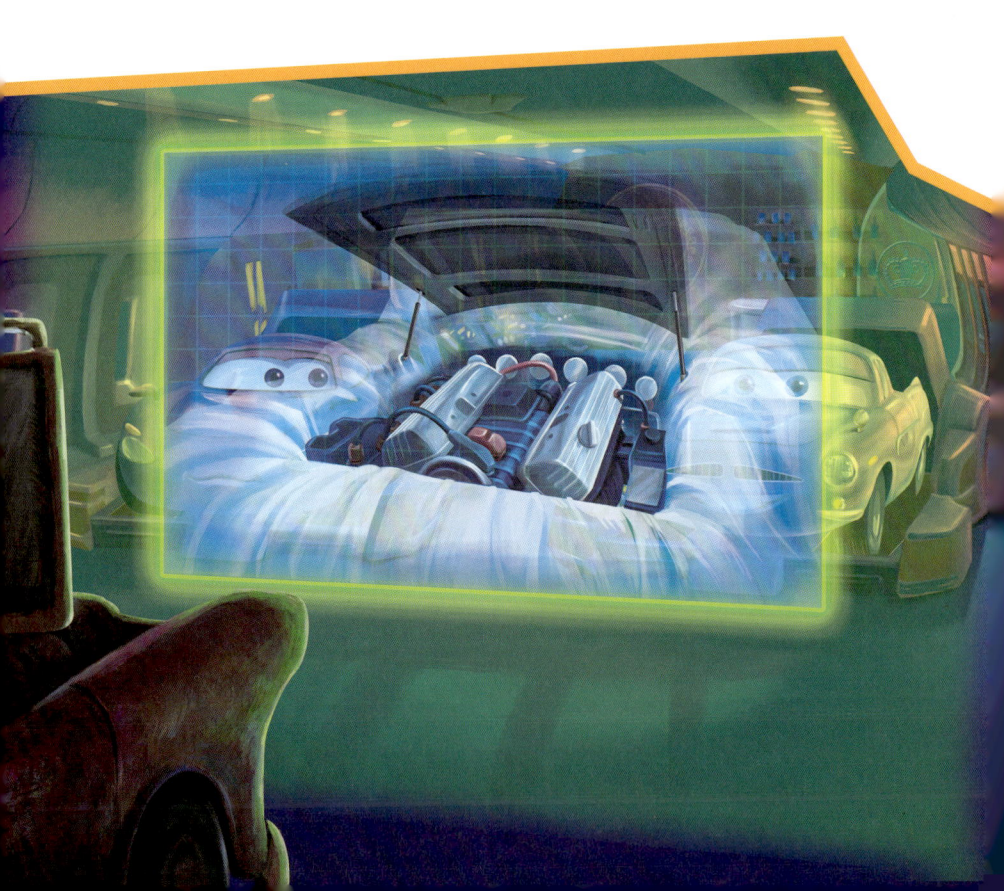

„Das sind alles Original-
Ersatzteile", bemerkt Hook,
„es ist total schwer,
an die ranzukommen!"
Das ist eine heiße Spur!
Die Agenten sind tief beeindruckt
von Hooks Wissen. Über einen
Bekannten bekommen sie wenig
später zudem einen Tipp zum
nächsten Treffen der Schurken.

Agent Hook

Das zweite Rennen findet
in Italien statt. Dort treffen sich
auch die „Gurken". Das sind
Zündapp und seine Gehilfen.
Finn ist sich sicher:
Die sind schuld an den
brennenden Autos!

Also wird Hook verkleidet.

Außerdem bekommt er jede Menge
Ausrüstung – wie ein echter Agent.
So wichtig hat Hook sich
lange nicht gefühlt.
Hook schafft es tatsächlich,
sich bei dem Treffen
einzuschmuggeln.

Professor Zündapp stellt den
Gurken den großen Boss vor.
Der spricht über ein Video
mit ihnen. Hook hält den Atem an.
Vom großen Boss ist nur
der Motor zu sehen.
Es ist der gleiche, wie auf dem
Foto! Hook ist ganz aufgeregt.

„Ich werde beweisen, dass Allinol
tödlich ist!", schwört der Boss.
„Dann werden alle Autos wieder
Benzin benutzen."
Der Boss lacht laut.
„Und dann sind wir reich,
denn uns gehören die Bohrinseln!"

Rennen Nummer zwei

In der Zwischenzeit startet das
zweite Rennen. Finn beobachtet,
wie die Schurken wieder die
Kanone auf die Wagen richten.
Doch er kann sie nicht stoppen.
Mit einem riesigen Magneten
wird er von einem Hubschrauber
gepackt.

Ein Wagen nach dem anderen
fängt Feuer.
Davon lässt Lightning McQueen
sich diesmal nicht beeindrucken.
Er gewinnt das Rennen.

Das war er Hook schuldig!
Doch alle sprechen nur über
die brennenden Motoren.

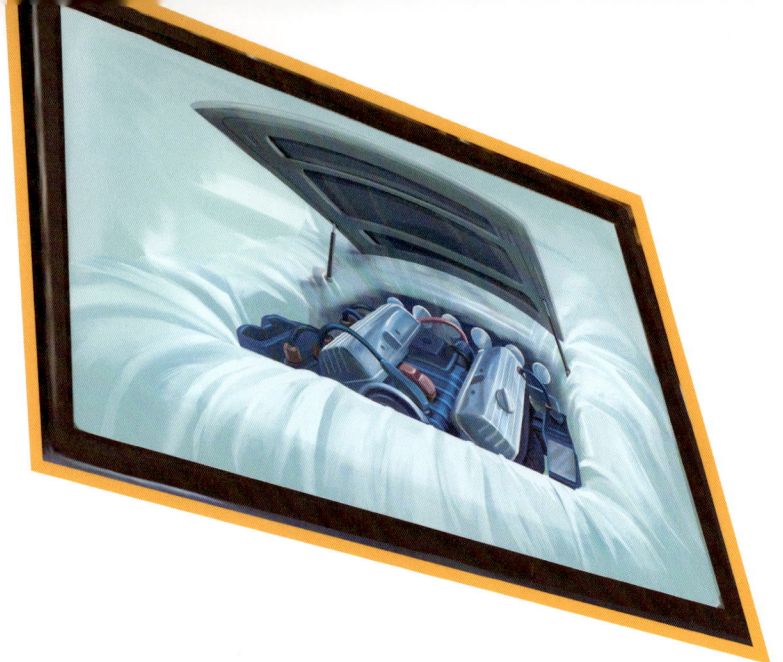

Jeder ist sich sicher:

Es liegt am Allinol.

Keiner will es mehr tanken.

Bis auf Lightning McQueen.

Er will auch im nächsten Rennen

den neuen Treibstoff benutzen.

Der große Boss erfährt davon.

Er gibt sofort den Befehl,

McQueen zu verschrotten.

Gefangen im Uhrwerk

Hook ist geschockt.
Lightning McQueen soll
zerstört werden.
Er muss seinen Freund warnen!
Doch als Hook abhauen will,
verrutscht seine Tarnung.
Er versucht noch, mithilfe
seines Fallschirms
zu fliehen.

Doch die Gurken schnappen ihn.
Dann wird er ohnmächtig.
Als er wieder zu sich kommt,
ist Hook an die Zeiger einer
großen Uhr gefesselt.
Finn und Holley sind neben ihm.
Professor Zündapps Gehilfen
teilen den dreien ihren Plan mit.
Sie haben eine Bombe in
Lightnings Box platziert.
Hook muss seinen Freund retten!

Mit großer Anstrengung gelingt
Hook die Flucht aus dem Uhrwerk.
Als auch Finn und Holley
freikommen, kapieren sie eines:
Die Gurken haben Hook absichtlich
entkommen lassen.
Bei ihm ist die Bombe versteckt,
die Lightning McQueen zerstören
soll!

Ein fieser Plan

Die Agenten warnen Hook
über Funk. Gerade noch
rechtzeitig! Hook rast aus der Box,
bevor Zündapp die Bombe zünden
kann. Mit Lightning an seinem
Haken brettert er durch London.

Die beiden Agenten teilen sich auf.
Holley hilft Hook gegen die
Schurken. Finn jagt den Professor.
Der Ober-Schurke versucht zu
entkommen. Doch Finn fängt ihn
mit einem Lasso ein.

Holley, Hook und Finn fordern ihn
auf, die Bombe zu entschärfen.
Aber Professor Zündapp lacht nur.
„Hoppla! Ich hab's vergessen",
sagt er. „Der Computer reagiert
nur auf die Stimme, die die Bombe
auch aktiviert hat!"
Die Bombe hört nur auf die Stimme
des großen Bosses. Und wer das
ist, weiß noch immer niemand.

Der große Boss

Da geht Hook ein Licht auf:
Er weiß nun, zu wem der Motor
gehört. Zu Sir Axlerod!
Mit seinem Fallschirm
fliegen er und McQueen
zum englischen Palast.
Wie angekündigt besucht der
Übeltäter dort die Königin.

Hook brettert einfach
in den Thronsaal. Er erklärt allen
den Plan des großen Bosses:
Axlerod hat das Allinol erfunden,
aber wollte damit nur zeigen,
wie gefährlich andere Treibstoffe
sein können. Dann tankt die Welt
weiter Benzin. Und Axlerod und die
Gurken werden noch reicher, denn
ihnen gehören die Bohrinseln.
Er ist enttarnt. Ihm bleibt nichts
anderes übrig, als die Bombe
auszuschalten.

Seite an Seite

Kurz darauf sind die Freunde
zurück in ihrer Kleinstadt.
Nach all der Aufregung
freuen sie sich auf ein richtiges
Rennen.
Und zwar in ihrer Heimat.
Alle Wagen jagen über die Piste.

Finn und Holley sind als Zuschauer
da. Sie wollen Hook überreden,
Agent zu werden. Doch Hook
will nur seine Ruhe. Er gehört
hierher – zu seinem besten Freund,
Lightning McQueen.

Ein letztes Mal benutzt Hook seine
Agenten-Turbo-Raketen. Neben
seinem Freund jagt er durch die
Wüste. Den anderen bleibt nur,
ihren Staub zu schlucken.

Leselern-STARS

★STARS★

Für Leseanfänger

Leseurkunde

Hurra, ich habe
das ganze Buch geschafft!

Ich heiße _Nord_

Ich bin _7._ Jahre alt.

Ausgefüllt am _____